विराग गीतमाला

भाग 1

विराग कोठारी

XpressPublishing
An imprint of Notion Press

XpressPublishing
An imprint of Notion Press

Old No. 38, New No. 6
McNichols Road, Chetpet
Chennai - 600 031

Copyright © Virag Kothari
All Rights Reserved.

ISBN 978-1-64899-128-8

This book has been published with all efforts taken to make the material error-free after the consent of the author. However, the author and the publisher do not assume and hereby disclaim any liability to any party for any loss, damage, or disruption caused by errors or omissions, whether such errors or omissions result from negligence, accident, or any other cause.

While every effort has been made to avoid any mistake or omission, this publication is being sold on the condition and understanding that neither the author nor the publishers or printers would be liable in any manner to any person by reason of any mistake or omission in this publication or for any action taken or omitted to be taken or advice rendered or accepted on the basis of this work. For any defect in printing or binding the publishers will be liable only to replace the defective copy by another copy of this work then available.

क्रम-सूची

1. अध्याय 1   1

अध्याय 1

जीवन है पानी की बूँद

जीवन है पानी की बूँद कब मिट जाए रे, होनी अनहोनी - 2 SSS कब क्या घाट जाए रे || टेर ||

जितना भी कर जाओगे, उतना ही फल पाओगे, करनी जो कर जाओगे, वैसा ही फल पाओगे

नीम के तरु में 2, नहीं आम आए रे जीवन है पानी की बूँद... ||1||

चंद दिनों का जीवन है, इसमें देखो सुख कम है, जनम सभी को मालूम है, लेकिन मौत से ग़ाफ़िल है

जाने कब तन से 2, पंछी उड़ जाए रे, जीवन है पानी की बूँद... ||2||

किस को माने अपना है, अपना भी वो सपना है, जिसके लिए माया जोड़ी, क्या वो तेरा अपना है

तेरा हो बेटा 2, तुझे आग लगाए रे, जीवन है पानी की बूँद... ||3||

गुरु जिस को छू लेते, वो कुंदन बन जाता है, तब तक सुलगता दावानल, वो सावन बन जाता है

आतंक का लोहा 2, पारस बन जाए रे, जीवन है पानी की बूँद... ||4||

चार पाई पर लेटा है, पास न बेटी बेटा है, चिल्लाता है पानी दो, कोई न पानी देता है

भूखा ही प्यासा 2, एक दिन मर जासी रे, जीवन है पानी की बूँद... ||5||

संतों की निर्मल वाणी, होती आत्म कल्यानी, जिसका भाग्य उदय होता, वोही सुनता है प्राणी
जिनवाणी मैय्या 2, सबको पार लगाए रे, जीवन है पानी की बूँद... ।।6।।
संत चरण मिल जाए, समझो किस्मत खुल जाए, गुरु चरणों की सेवा से, जिवन बगियेसा खिल जाए
गुरु ही जीवन में 2, नव ज्योति जगाए रे, जीवन है पानी की बूँद... ।।7।।
जरासी संपत्ति पाकर, देख तू कितना इतराया, पुण्य का पानी पीकर, पाप का पौधा पनपाया
अपने ही हाथों 2, अपना कफ़न बनाए रे, जीवन है पानी की बूँद... ।।8।।
कंचन सी काया तेरी, होगी जल कर के ढेरी, करके तू प्रभु की भक्ति, करना मत पल भर देरी
सच्चे गुरु ही 2, तुझको सच्ची राह दिखाए रे, जीवन है पानी की बूँद... ।।9।।
जोड़ों गे दुःख पाओगे, छोड़ेंगे सुख पाएंगे, मनकी भूख मिटाने को, कितना पाप कमाओगे
धनकी ये चाहत 2, राहत कब पाए रे, जीवन है पानी की बूँद... ।।10।।
भावों से ही तिरना है, भावों से ही मरना है, शुद्ध और शुभ भावों से, भव से पार उतरना है
भावों की शुद्धि 2, सद्बुद्धि कहलाए रे, जीवन है पानी की बूँद... ।।11।।
साथ निभाएगा बेटा, सोच रहा लेटा लेटा, हाथ बुढ़ापा आएगा, पास न आएगा बेटा

खाबो में तू क्यों 2, आनंद मनाए रे, जीवन है पानी की बूँद... ।।12।।

हाथों में लकड़ी थामी, चलो हो गई मस्तानी, यम के घर खुद जाने की,जैसे मन में हो ठानी

बेटा बहू सोचे 2, डोकरो कब मर जाए रे, जीवन है पानी की बूँद... ।।13।।

जीवन बिता अर्घट में, पुण्य पाप की करवट में, चढ़ कर अर्थी पर जावे, अंत समय मरघट में

तेरा ही बेटा 2, तेरा कफ़न सजाए रे, जीवन है पानी की बूँद... ।।14।।

कब तक दौड़ लगाएगा, दौड़ दौड़ थक जाएगा, मृग मरीचिका है पगले, प्यासा ही मर जाएगा

कब तक संतों का 2, उपदेश पार लगाए रे, जीवन है पानी की बूँद... ।।15।।

वक्त बुरा जब आता है, कोई न साथ निभाता है, अपने ही कतराते हैं, जिनपर तू इतराता है

स्वार्थ के रिश्ते 2, क्यों रोज बनाए रे, जीवन है पानी की बूँद... ।।16।।

गुरु बिन मार्ग नही मिलता, मन का दीप नही खिलता, इन्द्र भूती से शिष्यों का, गुरु बिना मान नही गिरता

गुरु पथ भूलों की 2, हर भूल मिटाए रे, जीवन है पानी की बूँद... ।।17।।

अगर विवेक नही मन में, फिर पाया क्या जीवन में, जानहा विवेक आंनद वन्हा, क्यों उलझा रहता धन में

होता जो विवेकी 2, सद्गुण उपजाए रे, जीवन है पानी की बूँद... ।।18।।

पुण्य पाप की बस्ती में, घूम रहा तू मस्ती में, कोई जग से पार हुआ, डूब रहा कोई कश्ती में
अपना ही सुख दुःख 2, तू पहचान न पाए रे, जीवन है पानी की बूँद... ।।19।।
मीठा मीठा बोल अरे, अंतर के पट खोल अरे, बोल न दिल में चुभ जाए, सबसे पहले तोल अरे
वाणी प्राणी का 2, दर्पण कहलाए रे, जीवन है पानी की बूँद... ।।20।।
धर्म करेगा जो प्राणी, भव से तिरेगा वो प्राणी, धर्म नही तो मुक्ति नही, कहती है ये जिनवाणी
संतों की वाणी 2, सौभाग्य जगाए रे, जीवन है पानी की बूँद... ।।21।।
सूरज रोज निकलता है, सांझ हुई फिर ढलता है, जीवन यूंही गुजर रहा, किसके लिए मचलता है
दो दिन की खुशियां 2, दुर्दिन दिखलाए रे, जीवन है पानी की बूँद... ।।22।।
पाप कर्म जब छोड़ेगा, अपने मन को मोड़ेगा, हलू कर्मी इस जीवन को, धर्म स्थान से जोड़ेगा
काटे कर्मो को 2, वो पार हो जाए रे, जीवन है पानी की बूँद... ।।23।।
काम करेगा जो प्राणी, नाम पाएगा वो प्राणी, काम नही तो नाम नही, कहती है ये जिंदगानी
नाम की इच्छा 2, जिवन को डुबाए रे, जीवन है पानी की बूँद... ।।24।।
खान पान की शुद्धि हो, विनय विवेक की बुद्धि हो, इन्द्रिय विषयो में गृद्धी हो, नही पाए कभी सिद्धि वो

इन्द्रियों के घोड़े 2, मन को दौड़ाए रे, जीवन है पानी की बूँद... ।।25।।

पर्व पख्खी आई है, धर्म संदेशा लाई है, दया पौषध करना है, भव से पार उतरना है

संतों का संयोग 2, कब तक हम पाए रे, जीवन है पानी की बूँद... ।।26।।

नागश्री ने मुनिवर को, कड़वा तुंबा बहराया, मास खमण के पारने, सम भावों से खाया था

जीवों की दया 2, सदगती दिखलाए रे, जीवन है पानी की बूँद... ।।27।।

श्रावण मास बीत गया, भादव आज लाग्यो सा, जिनवाणी चेतावे हे, मोह नींद सू जागो सा

सोवे जो खोवे 2, गुरुवर समझावे रे, जीवन है पानी की बूँद... ।।28।।

पर्व पर्युषण आया है, धर्म संदेशा लाया है, सोई आत्मा जग जाओ, धर्म ध्यान में लग जाओ

देवों से दुर्लभ 2, नर तन थे पाया रे, जीवन है पानी की बूँद... ।।29।।

अन्तगड सूत्र गीतिका

चालो चालो दर्शन करबा, तीर्थंकर पधारया हो, करमा रा बंधन ने ढीला छोड़ दो । टेर।।

देव विमानिक सगला आया, कृष्णराय महाराया हो, गौतम कुमार आया भावसू ।। 1 ।।

गज सुकुमाल हाथी रे होदे, नंदन वन में आया हो, रंग किरमची लागों मायने ।।2।।

महाकाल श्मशान घाट पर, भिक्षु पडिमाधारी हो, सोमिल कोप्या हो, पहला वेर सूं।।3 ।।

धक धक करता खीरा नाख्या, माथे पाल बांधी हो, समता रा आराधी पहुँचा मोक्ष में ।।4।।

अलका समया सुन्दर नगरी, एक दिन होसी नष्ट हो, माया रे रहिज्यों मति भूल ने ।।5।।

आठ राणियाँ, पुत्र-पौत्र ने, श्री कृष्ण आज्ञा दीनी हो, संजम लेइने तारी आत्मा ।।6।।

धर्म दिवाली कीनी खूब, द्‌वारिका मांहि हो, तीर्थंकर बणी ने मोक्ष जावसी।।7।।

अर्जुन माली ग्यारह सौ, इकतालीस जीव मारया हो, सुदर्शन रे संग माही चालिया।।8।।

बेले बेले कियो पारणों, वीर प्रभु रे शरणे हो, क्षमा रा भण्डारी पहूंच्या मोक्ष में ।।9।।

पोलासपुरी रा एवंता, गौतमजी ने घर लाया हो, भिक्षा दिलाई ने चाल्या वंदवा ।।10।।

पाणी माही पातरी ने, डाल नाव तिराई हो, संसार सागर सू तारी आत्मा।।11।।

श्रेणिक री तेवीस राणी, एक-एक से बढ़कर हो, तपस्या री झड़ी सूं काट्‌या कर्म ने ।।12।।

जीव दया सूं देखों श्रेणिक, गोत्र तीर्थंकर बांध्यों हो, तीर्थ प्रवर्ताई जासी मोक्ष में ।।13।।

नब्बे जीवां रो वर्णन है, सूत्र अन्तगढ़ मांही हो, वंदन करु "विमल" भाव सूं।।14।।

एक आत्म भाव

एक आत्म भाव 2, लोकालोक से भी प्यारा है, ना मिले जड़ भाव 2,
चेतन भान तो हमारा है, उसीसे हर उजाला है ।।ध्रुव।।
ज्ञान दर्शन मय हमारी आत्मा है, उपयोग में ऽऽ झुलती है, बंदनो को तोड 2, हमें मोक्ष में ही जाना है ।।1।।
माया के चक्कर में हम भान है भुले, तो दुःख को ऽऽ झेलते है, कषायों को छोड़ 2, वितरागता को पाना है ।।2।।
राग बंधन है, वितराग मुक्ति है, तो संयम ऽऽ मोक्ष मार्ग है, छोड़ कर अज्ञान 2, अंतर ज्योति को जगाना है ।।3।।

जय जयकार पर्युषण

जय जय जय जयकार पर्युषण जय जय जय जयकार || टेर ||
स्वागत स्वागत पर्व तुम्हारा, लो अभिनंदन आज हमारा। वंदन सौ सौ बार, पर्युषण ।। १ ।।
सब पर्वो का तू है राजा, तुझ से उन्नत जैन समाजा । हम तुझ पर बलिहार, पर्यूषण ।॥ २ ||
तीर्थकर भी तुम्हें मनाते, सुर नर किन्नर सब गुण गाते महिमा अपरम्पार, पर्युषण ॥ ३ ।।
सकल संघ की सेवा पल-पल, बहे शांति का झरणा पल-पल । पाले शुध्दाचार, पर्युषण ।।४।।
चाहें त्रस का स्थावर प्राणी, चाहे मित्र हो दुष्मन जानी। आतम सम व्यवहार, पर्युषण ।।५॥
मैत्री का संदेश सुहाना, भूलो अपना और बेगाना। सबसे प्रीत अपार, पर्युषण ।॥ ६ ॥
आओ हम सब मिल आराधे, मैत्री भावना दृढतर साधे । सफल करें त्यौहार, पर्युषण । ७ ।।

आने वाले आयेंगे, जाने वाले जायेंगे

आने वाले आयेंगे, जाने वाले जायेंगे, प्रभू गुण गायेंगे, वो तिर जायेंगे।।

पुण्य पुष्प खिला है, मानव देह मिला है, लाभ जो उठायेंगे, वो तिर जायेंगे।।

तप त्याग करना, जिवन को सुधारना, नींद जो उड़ायेंगे, वो तिर जायेंगे।।

पाप कर्म छोड़ दें, मान को तू मोड़ ले, वीरता जो लायेंगे, वो तिर जायेंगे।।

क्रोध नहीं करना, मान माया हरणा, लोभ जो घटाएंगे, वो तिर जायेंगे।।

मौत जब आती हैं, कोई नहीं साथी है, ध्यान जो लगायेंगे, वो तिर जायेंगे।।

अनमोल वक्त मिला है, "देउर" श्रीसंघ का भाग्य खिला है, स्वाध्याई जगाने आए हैं, जो जग जायेंगे, वो तिर जायेंगे।।

ये पर्व पर्यूषण आया, सब जग में आंनद छाया

ये पर्व पर्यूषण आया, सब जग में आंनद छाया रे ।। ध्रुव।।
यह विषय कषाय घटाने, यह आतम गुण विकसाने। जिनवाणी का बल लाया रे ।।1।।
ये जीव रूले चहुँगति में, ये पाप करण की रति में। निज गुण सम्पद को खोया रे।।2।।
तुम छोड़ प्रमाद मनाओ, नित धर्म ध्यान में रम जाओ। लो भव-भव दुःख मिटाया रे।।3।।
तप-जप से कर्म खपाओ, दे दान द्रव्य फल पाओ। ममता त्यागी सुख पाया रे।।4।।

मुरख नर जन्म गमावे, निन्दा विकथा मन भावे। इनमें ही गोता खाया रे।।5।।

जो दान शील आराधे, तप द्वादश भेदे साधे। शुद्ध मन जीवन सरसाया रे।।6।।

बेला तेला और अठायां,संवर पौषध करो भैया| शुद्ध पालो शील सवाया रे।।7।।

तुम विषय कषाय घटाओ, मन मलिन भाव मत लाओ। निन्दा विकथा तज माया रे।।8।।

केई आलस में दिन खोवे, शतरंज तास या सोवे। पिक्चर में समय गमाया रे।।9।।

संयम की शिक्षा लेना, जीवों की जयणा करना। जो जैन धर्म थे पाया रे।।10।।

जन-जन का मन हरषाया, बालकगण भी हुलसाया। आतम शुद्धि हित आया रे।।11।।

समता से मन को जोड़ो, ममता का बंधन तोड़ो। है सार ज्ञान का पाया रे।।12।।

सुरपति भी स्वर्ग से आवे, हर्षित हो जिन गुण गावे। जन-जन को अभय दिलाया रे।।13।।

'गजमुनि' निजमन समझावे, यह सोई शक्ति जगावे। अनुभव रस पान कराया रे।।14।।

क्षमा

अब तक किये जो पाप को धोने का वक्त आया, भक्ति तप और साधना करने का वक्त आया,

आया संवत्सरी आया जैनों का त्योहार आया ।।धृ।।

जैन धर्म के सारअ को समझने का वक्त आया ,

क्षमा विरस्य भूषणम् कहने का वक्त आया ||1|| आया.......

वैर हटाओ सबको खमाओ करदो क्षमा और कर्म खपावो,
जिनवाणी सुनकर दोष मिटावो अंतगड़ सुनकर आचरण में आओ,
एकासना करो करो बियासना उपवास करो, करो तुम साधना
सब पर्वो का राजा है आया ||2|| आया ......

गुरुवर का दरबार सुहाना लगता है

गुरुवर का दरबार सुहाना लगता है, प्रभुजी का दीदार प्यारा लगता है।
पलभर में मन को लुभाती है मूरत, करुणा का भंडार प्यारा लगता है।। धृ।।
चार गति संसार में भटका हूं मैं भगवन, आठ कर्मों की ये बेड़ी का चढ़ा बंधन,
मोह माया लोभ की काटो मेरी चुभन, क्रोध की अग्नि में शीतल है तेरा दर्शन,
दर्शन- दर्शन दर्शन- दर्शन, दर्शन- दर्शन दर्शन- दर्शन, तेरा दर्शन, प्रभु दर्शन।   ।।1।।
तू मेरा स्वामी है, मेरे दिल की तू धड़कन, राह में मेरे पड़ी पापों की ये उलझन,
टूट जायेंगे ये सारे कर्मों के बंधन, सद्गुरु कहते है, करले भाव से वंदन,
वंदन - वंदन वंदन-वंदन, वंदन- वंदन वंदन- वंदन, तेरा वंदन, प्रभु वंदन।   ।।2।।
गुरुवर का मुखड़ा सुहाना लगता है,   मैत्री का मंदिर सुहाना लगता है,   प्रभुजी का दीदार प्यारा लगता है।।

गुरु

(तर्ज - कौन हमें यू प्यार करेगा (M.S. Dhoni))

तुम आते हो जीवन में, जब जब नाम सुमर्ते है। गुरुवाणी के चिंतन से, कर्म बंध से बचते है।

सागर जैसे गंभीर तुम, हवा के जैसे चंचल हम, कौन हमें भव पार करेगा, चरणों में बिनती रखते हम ।।ध्रुव।।

हमारी पुनवानी का असर, मनुष्य भव पाके रुके, कर्म तो बाकी है पर, समकीत हम पा ही चुके

हमारी कषाय तुम्हारी समता, तुम्हे पता क्या पता, हम तुमको ही टक टक भर, यूंही निहारते रहते हम कौन .....||1||

तुम्हारा शरणा जो मिला, दुर्गती के छक्के छूटे, यादों में आते नही, कुदेव अब शस्त्र लिए

हमारी आस्था तुम्हारी कीरपा, तुम्हे पता क्या पता, हम तुमको ही जीवन भर, अनुकरण करते रहते हम कौन ...... ||2||

(जो गम...)

जो गम किसी को हमने दिए। वो गम तो हमको लेने पडेगे।
लेने पडेंगे, लेने पडेंगे, लेने पडेंगे, लेने पडेंगे ।।

क्या ?

भले का भला, बुरे का बुरा नतीजा मिला करता है करके बुरा और चाहे भला ये हरगिज नही हो सकता है।
जो कर्ज हमने ले. कर्ज तो हमको देने पडेंगे ।।

याद रखना

ये छोटा बडा, ये बडा छोटा, ये भेद रेखा खिंचती है क्यो ?
दिल से मिटा ये भेद रेखा, आत्मा तेरी गिरती है क्यो?
इस राग-द्वेष के लिए, कितने जन्म हमको लेने पडेंगे ।।

सब कुछ भूलाकर

दिल में बसा प्रभुप्रेम को, बदल जिन्दगी मेरे भोले सजन,
प्रेम करूणा का ले शरणा निकाल गन्दगी मेरे भोले सजन|
उसका प्रेम पाने के लिए, प्रभु प्रेम पाने के लिए कुछ कष्ट तो हमको सहने पडेंगे ||

कर्म

कर्म Philosophy को हमने जाना है, मोक्ष नगरी में हमको भी तो जाना है ।।ध्रुव।।
क्या हुआ, कैसे हुआ कहते है सारे जन, जो हुआ अच्छा हुआ, कहते है ज्ञानी भगवंत गलतिंयोसे हमको सीख लेना है|1|
ये मेरा, वो मेरा करते है मुरख, इस जंहा में ये तन भी नही तेरा, जन्म मरण से मुक्ति पा लेना है ।।2।।
सिद्‌ध होंगे, बुद्‌ध होंगे, मुक्त होंगे हम, अब दुबारा राग द्‌वेष नही करेंगे हम, संसार सागर से हमको तिर जाना है।।3।|
कर्म भोगो ऐसे, जिससे कर्म बंधे कम, कर्म बांधो ऐसे, जैसे जिन नाम करम, आठो ही कर्मो से मुक्ति पा लेना है ।।4।।

तपस्या

(तर्ज - धीरे धीरे प्यार को बढ़ाना है)

धीरे धीरे तपस्या को बढ़ाना है, मास खमण तक बढ़ जाना है |
मुझे बस करम ही खपाना है, मास खमण तक बढ़ जाना है ।।ध्रुव।।

ऐसी तपस्या होगी हर तरफ खुशी होगी, हर कदम साथ हो तेरा ही गुरणिसा

ना ही हमें रुकना है, ना ही हमें झुकना है, गुरणिसा मुझे तुम्हारे पचखान की है कसम

अब बस मन को मोड़ देना है ।।1।।

महीना भर में क्या करती, ऐसी ही खाती पीती, इडली डोसा चटनी प्लेट प्लेट भर

मनुष्य भव पाया है, जिनवाणी ये पाई है, तप बिना जिंदगी का कैसा है सफर

काजू बादाम पिस्ता अब त्याग देना है, चॉकलेट बिस्किट पिज्जा अब छोड़ देना है ।।2।।

तपस्वी का खिला मुखड़ा, ये है चांद का तुकड़ा, बुरड परिवार की आज शोभा है बढ़ी ।

तपस्वी का खिला मुखड़ा, ये है चांद का तुकड़ा, संकलेचा परिवार की आज शोभा है बढ़ी ।

क्रोध नही मान नही माया और लोभ नही, निदान अब नहीं करना है ।।3।।

पुरुषार्थ को बढ़ाना है । प्रभू शरण में चले जाना है ।

हमे अनुमोदना ही करना है ।

तपस्या

(तर्ज - आशिक बनाया आपने)

महोत्सव बनाया 3 आपने, तप बिन सूनी ज्ञान की राहें, तप बिन इच्छा कैसे घटाएं

जो नमिता दीदी तपस्वी मुस्कुराएं सुनिए करम खपाया 3 आपने ।।1।।

चॉकलेट बिस्किट छोड़ दें तो मजा है, काजू बादाम पिस्ता त्याग दे तो मजा है।
मास खमण के दीदी का चेहरा खिला है, मोक्ष के अरमान कर्मो को ढीला किया है।।
तपस्या में हाय कैसी शक्ति है मिली, रसना को छोड़ तूने प्रभू शरण लेली ।।
इन्द्रिय विषय भोग है आवारा, इससे आत्मा का नही है गुजारा, तप में ज़ुमले आके यारा सुनिए .... ||2||
मनुष्य भव का अनमोल जीवन मिला है, 12 व्रत लेकर हमको मर्यादा में जीना है।
कर्मो का, मिथ्या त्व का सिलसिला है, जिनवाणी का ये सबब हमको मिला है।
नारकी तिर्यंच में आए जाए यार हम वहीं है, जिनवाणी किसी को आसानी से मिलती ही नही है।।
तप बिन मुक्ति नही है यारा, तप बिन मोक्ष नही है यारा, तप बिन बस 84 का फेरा सुनिए ...... ||3||

आया हैमौकाकरना तपस्या दिल खोलके

आया है आया है, मौका अब आया करना तपस्या दिल खोल के,
छाया है छाया है, हर्ष मन छाया, करना तपस्या दिल खोल के ।।ध्रुव।।
जागो उठो अभी हमें सोना नही, नर तन को यूंही खोना नही,
हिम्मत बढ़ाइए, बढ़ते ही जाइए, वीर प्रभु की जय बोलके ।।1।।

महावीर के भक्त हम न्यारे नही, मिलझुल काम करे हारे नही,

क्रोध भाव छोड़िए, स्नेह से जोड़िए, महावीर की जय बोलके ।।2।।

यह तन एक दिन राख बनेगा, दान धर्म तप यहीं साथ चलेगा,

प्रसन्नता से तपस्या ये करलो, तपस्या से कर्म कटेंगे ।।3।।

जागो नींद त्यागो

जागो नींद त्यागो, सीख सुनो संतों की, इन संतों में झलक अरिहंतोंकी ।।ध्रुव।।

ये त्यागी है, वितरागी है, बस प्रभु पथ के अनुरागी है, रहती भीड़ 2, हरदम गुण वंतो की ।।1।।

नियमित दिनचर्या इनकी भी, नस नस में शील सुगंध बसे, मानो मेहेक 2, अनंत बसंतो की ।।2।।

नही मठ मंदिर आवास कन्हि, सेवा पूजा की भी आस नही, क्या तुलना 2, इन संत महंतो की ।।3।।

ये रहते है अनुशासन में, अदभुत जागृति है क्षण क्षण में, लाए साधना 2, निखार प्राण वांतो की ।।4।।

इनका तो संयम ही धन है, संसार समूचा परिजन है, जगवारी जाए 2, इन संत भगवन्तों की ।।5।।

तोता तोता तू क्यों रोता?

तोता तोता तू क्यों रोता ? ।। टेर।।

जब मैं भी तुम्हारे जैसा था, व्याख्यान नही सुनता था, रोज गालियां देता था, इससे बन गया मैं तो तोता ।।1।।

जब मैं भी तुम्हारे जैसा था, मुनि की निन्दा करता था, धरम ध्यान नही करता था, पाप 18 करता था,इससे ...... ।।2।।
जब मैं भी तुम्हारे जैसा था, रात्री भोजन करता था, आलू प्याज खाता था, इससे बन गया मैं तो तोता ।।3।।
जब मैं भी तुम्हारे जैसा था, चीटियां मारा करता था, दया नही करता था, सबको चिड़ा या करता था, इससे ...... ।।4।।
अब धर्म ध्यान का ज्ञान करूंगा, सच्चा जैनी बनूंगा, गुरु चरणों में आकर मैं भी भगवान बनूंगा,
तोता तोता अब नही रोता, जब समकित होता फिर नही रोता ।।

बदलाव सभी चाहतें है, लेकिन बदलना कोई नहीं चाहता

बदलाव सभी चाहतें है, लेकिन बदलना कोई नहीं चाहता ।।ध्रुव।।
जब जुखाम होता है, रातभर परेशान होते है, डॉक्टर के पास जाते है, दवाइयां भी लेते है,
ठंडी से बचते है, ice cream का परहेज भी करते है, क्यों की तकलीफ़ हमको हुई है ।।1।।
जब परेशानियां आती है, उलझने बढ़ जाती है, कषायो में फसते है, समाधि बिगड़ जाती है,
विचारों का तांडव चलता है, मन मुटाव हो जाता है, क्यों की हम संसार में रचे पचे है ।।2।।
मैं कहता हूं, उसका स्वभाव वैसा है, लेकिन ये नही कहता की, मेरा स्वभाव कैसा है,

गालि देने की आदत बन जाती है, गुस्सा करने की आदत बन जाती है,
राग द्वेष करने की आदत बन जाती है, पर छोड़ने का संकल्प नहीं बनाता,
क्योंकी
बदलाव सभी चाहतें है, लेकिन बदलना कोई नहीं चाहता ।।3।।
अगर कुमौत से बचना है, सद्गती को पाना है, जीवन सफल बनाना है, निर्वाण पद पाना है,
केवलज्ञान केवलदर्शन पाना है, सिद्घा लय में जाना है, तो अब से हमको बदलना है ।।4।।

जिनवाणी सार है

(तर्ज - कहो ना प्यार है)

देवता भी मनुष्य बनने को बेकरार है, जिनवाणी सार है| - 2
हां मनुष्य बनना है, की जिनवाणी पाना है, इस छोटी आयु में, सबका बेड़ा पार है, जिनवाणी सार है ।।ध्रुव।।
क्षमा जीवन में होती नही, तो फिर बोलो क्या होता ? हर एक जीव दूसरे से, क्रोध ही करता होता,
10 धर्मों में, खंती को, प्रथम स्थान है, जिनवाणी सार है ।।1।।
विनय ता जीवन में होती नही, तो फिर बोलो क्या होता ? हर एक जीव दूसरे की, अवहेलना करता होता,
मुक्ति का, प्रथम चरण ही, विनय कहलाता है, जिनवाणी सार है ।।2।।
त्याग जीवन में होता नही, तो फिर बोलो क्या होता ? हर एक चीज पाने को, षड़यंत्र रचता होता,

मर्यादा ही, श्रावक का, नियम कहलाता है, जिनवाणी सार है ।।3।।
मोक्ष अगर होता नही, तो फिर बोलो क्या होता ? हर एक जीव, हर भव में, उलझा ही उलझा होता,
8 कर्मों का, क्षय करके, मोक्ष को पाना ही है, जिनवाणी सार है ।।4।।
इससे भव पार है। ....

श्रमनोपासक मुझको बन जाना

(तर्ज - सुनो ना सुनो ना)

प्रभुवर से जाना, के मैं अनजाना, छोड़कर आया हूं, नारकी का दरवाजा,
मैंने जिनशासन को पाया, बन जाना 3, श्रमनोपासक मुझको बन जाना ।।ध्रुव।।
नारकी की वेदना को मैं कई बार जाना हूं, ये परिषह कैसे तुमको बताओ,
पाप से डरता हूं, मैं सच कहता हूं, खमत खिमावना सबके साथ, बन जाना - 3 ।।1।।
22 परिषह में, मैं कई बार उलझा हूं, ये नादानी कैसी तुमको बताओ,
नवकारशी करता हूं, मैं अठाई करता हूं, करता हूं मैं मास खमण, बन जाना - 3 ।।2।।
अनंत भावों के बाद, मैं मनुष्य भव पाया हूं, ये बेताबी मेरी मुझको बताओ,
संवर करता हूं, मैं सामायिक करता हूं, करता हूं मैं पख्खि का पौषद, बन जाना - 3 ।।3।।

अणुव्रत 5 है, गुणव्रत 3 है, शिक्षाव्रत 4 है, कुल मिलकर 12 श्रावक व्रत है,
आसक्ति छोड़ना है, मुझे त्याग करना है, करना है मुझको आत्म कल्याण, बन जाना - 3 ।।4।।
आठाराही पापों से, मैं संसार में उलझा हूं, ये जिनवाणी कैसी तुमको बताऊ,
श्रवण करता हूं, मैं श्रद्धा करता हूं, करता हूं मैं संयम में पुरुषार्थ, बन जाना - 3 ।।5।।

विनय

तर्ज - प्यार दीवाना होता है, मस्ताना होता है

विनय से जीवन खिलता है और ऊंचा उठता है, मोक्ष का प्रथम चरण भी विनय कहलाता है ।।ध्रुव।।
सारथी कहे अश्व से, गलत मार्ग पे ना जा, गलत मार्ग पे जाएगा तो, तू चाबुक ही खा
वो नही सुनता, वो अड़ियल कहलाता है ।।1।।
सड़े कान की कूतिया, हर जगह पर जाती, कोई उसे रोटी ना देता, वो धुतकारी जाती
ऐसा ही हाल होता है, जो अविनीत व्यक्ति होता है ।।2।।
सुवर भी पाला जाता, भोजन में उसे पकवान दिए जाते भोजन के समय, छोटा बच्चा पोट्टी करता
पकवान को छोड़, वो विष्टा ही चुनता है ।।3।।
जिनवाणी कहे श्रावक से, प्रभु शिक्षा समझते जा इधर उधर की बातें छोड़कर, मर्यादा में जीते जा
जो अनुसरण करता है, उसका बेड़ा पार हो जाता है ।।4।।
गुरु कहे शिष्यों से, प्रभू आज्ञा पालते जा सुशील सदाचारी बनकर, इंगित आकार समझते जा

जो इसको अपनाता है, वह मुक्ति पा ही लेता है ।।5।।

भारत मां का हृदय दुःखी है, भारत मां अकलाई है
त्रिशला नंदन शत शत वंदन, जन्म जयंती आयी है, जिओ
और जिने दो सबको, बात तुम्ही ने सिखाई है
सिद्धांतों को भूल गए सब, हिंसा नीति छाई है, भारत मां
का हृदय दुःखी है, भारत मां अकलाई है ।।ध्रुव।।
इस पंचम काल में दुःख ही दुःख, कैसा ये काल बनाया है,
जनहा खून की नदियां बहती, जांहा छाया अंधियारा है ।
मासिन यातिक ठेकेदार तो करते बड़ी कमाई है, मूक पशुवो
की हत्या करके शर्म इन्हे नहीं आयी है ।।1।।
सत्य अहिंसा के पोषक, तुम धरती पर फिर से आ जाओ,
पाशुवो का वध जो करते है, उन्हे आकर समझाओ
गौ माता रो रोकर पूछती, कहा पर मेरा कन्हाई है ।।2।।

ओ मगध देश के राजा

ओ मगध देश के राजा, क्या मौत भी तेरे हाथ है ? मेरी
क्या करेगा पालना, तू खुद ही हे राजन अनाथ है ।।ध्रुव।।
माना की तेरे हाथी है घोड़े, रभां सी है पट रानियां, लक्ष्मी
का लाल है, राज्य विशाल है, वैभव में बीते जवानियां,
पर एक सुनाऊं तुझे बात है, जरा सुनना तू ध्यान के साथ
है ।।1।।
धन का भण्डार था, मेरा परिवारथा, सेठ का लाल कहलाता
था,
भाई बहन थे, सब सुख चैन थे,पत्नी का प्यार भी पाताथा,
बीते आनंद में दिन और रात है, रहते मित्र भी हरदम साथ
है ।।2।।

एक दिन हुई वेदना भारी, रोगों ने आकर घेर लिया, भाग दौड़ मच गई, कतारे लग गई, वेदों ने आ उपचार किया,
कोई अंग दबाते दिन रात है, कोई देवों को जोड़े हाथ है ।।3।।
धन भी धरा रहा, घर भी भरा है, मिटा सका न रोग कोई,
हाजिर हजार थे, पर सब बेकार थे, दूर खड़ा रहा आया जो,
हुई चला चली की बात है, छोड़ी आशा सभी ने एक साथ है ।।4।।
इतने में एक भावना जागी, प्रभु को मैने याद किया, रोग को निवार दे, बिगड़ी संवार दे, साथ में प्रण भी धार लिया,
अब छोडूंगा जग का साथ है, अब तुहि प्रभु मम नाथ है ।।5।।
बिजली सी चमकी, रोग पे दमकी, वेदना सारी भाग गई,
उसी क्षण छोड़ा, जग ने तोड़ा, आत्मा मेरी जग गई,
मैं समझा भेद भरी बात है, बोलो कौन अनाथ सनाथ है ।।6।।
ज्ञान ज्योति जागी, श्रेणिक सी भागी, समकित व्रत आरध लिया,
जीवों की दया कर, धर्म दलाली कर, गोत्र तीर्थंकर बांध लिया,
मिले अनाथी जैसे गुरु नाथ है, जीत जगाता तेरे साथ है ।।7।।

संवत्सरी पर्व

यदि कर्मो का नहीं है रोना, तू संयम मत ही खोना, यदि क्षमा भाव है लाना, तू कषायो में मत फसना ।।ध्रुव।।

जो काषायो में पड़ता, वो मन मुटाव है करता, वो माता पिता भाई बहन पत्नी का भान भूलता
गलतियों को सुधारने 2, संवत्सरी पर्व है आया
टूटे दिलों को मिलाता, रिश्ता पक्का बनाता, नाता पक्का बनाता, रिश्तों में अमृत भरता ।।1।।
जो अहंकार है करता, वो दूरियां निर्माण करता, वो माता पिता भाई बहन पत्नी का मान गिराता
दूरियां घटाने 2, संवत्सरी पर्व है आया
अवगुणों को घटाता, आत्मा का स्वरूप बताता, गुणों की याद दिलाता, जिवन धन्य बनाता ।।2।।
जो मद्‌य मांस है करता, वो नारकी का बंध करता, वो पृथ्वी पानी तेऊ वायू वनस्पति में भटकता
कुव्यसन को निकालने 2, संवत्सरी पर्व है आया
बुराईयां निकालता, जिवन शुद्‌ध बनाता, कुसंगती घटाता, जिवन सरल बनाता ।।3।।

चंदनबाला

आयि आयी अंगनिया बहार, झूमे मन चंदना रो, आया आया त्रिलोकी रा नाथ, झूमे मन चंदना रो ।।ध्रुव।।
कल्पतरु सम अंगनिया आया, सोना रा सूरज आप उगाया, करू करू काई मनुहार, झूमे मन चंदना रो ।।1।।
तीन दिनारी भूखी हूं स्वामी, कृपा करिने आप अन्तरयामी, त्रिशला नंद कुमार, झूमे मन चंदना रो ।।2।।
उड़द बाकुला आप स्वीकारो, जग उद्‌धारक मुझ ने तारो, नहीं देखी आसुं ओकी धार, रोवे मन चंदना रो ।।3।।
हाय हाय प्रभु लौट चले क्यों, जग्गनाथ मुख मोड़ चले क्यों ? क्यों छोड़ चले मजधार, रोवे मन चंदना रो ।।4।।

फला अभिग्रह पधार्या जीनवर, तिर गई चंदना, झूमे मन चंदना रो ।।5।।

कर्म

कर्म का रंग अनोखा, कर्म को किसने देखा, चाहे कोई लाख करे, मिटे ना कर्म की रेखा ।।ध्रुव।।

कर्म का खेल निराला, कर्म की अदभुत माया, कनही पर धूप घणी है, कंही पर शीतल छाया,

कर्म से नहीं छुपा है, किसी का लेखा जोखा ।।1।।

पुण्य से जो कुछ पाया, लाख तुमने छुपाया, भाग्य में लिखा न हो तो, हाथ कुछ भी ना आया,

कर्म ने जिसे उठाया, उसिकों पल में फेका ।।2।।

कर्म इतना बलि है, किसीने भेद न पाया, कर्म के आगे हरदम, सभी ने शीश झुकाया,

कर्म छोड़े ना हमको, कर्म को किसने रोका ।।3।।

साधना ओ साधना

साधना जो साधक वे साध गये रे - 2, आगम के पन्नौपे वो आही गये रे ।।ध्रुव।।

छहो अनिकसेन आदि भाई याद करो रे, जिनको जन्म से ही हरन कियो रे,

सुलसा माता के घर में वो पले बड़े रे, अरिष्टनेमी शिष्य बन तप कर रे

गुणी हुवे ध्यानी हुवे मुनि हुवे रे, देवकी को धन्य धन्य कोक लागे रे।।1।।

मुनि अर्जुनमाली का इतिहास देखो रे कुर कर्मो से भरा हुआ जीवन देखो रे,

सेट सुदर्शन से पाया जीवन बोध रे दीक्षा लेकर समता से सहे घोर कष्ट रे,
पाप किया तप पश्यातापं कीयो रे छः महीना में कर्मो का नाश कियों रे।।2।।
छोटे गजसुखूमाल मुनि को नजर करो रे जिनके ससुर ने सरपे अंगारे धरे रे,
वो तो तन और आत्मा को अलग जाने रे शुभभावोसे शुद्ध स्वरूप जान लिया रे,
सिद्ध हुए बुद्ध हुवे मुक्ता हुवे रे साधक महान वो तो माने गए रे ।।3।।

झूठे दुनिया का झूठा सब प्यार निकला

झूठे दुनिया का झूठा सब प्यार निकला, सगा समझा था वहीं दगादार निकला ।।ध्रुव।।
असली घी दूध तन को खिलाया था, कसरत कर करके मजबूत बनाया था, किन्तु होके रोग ही बेकार निकला ।।1।।
चढ़ते यौवन में धन भी कमाया था, आगे खाएंगे दिल को जताया था,
किंतु बीच में ही इज्जत बिगाड़ निकला, खोज देखा ना कोई दिलदार निकला ।।2।।
प्राण देकर भी पुत्रों को पाला था, सुख की आशा में ब्याह कर डाला था, किंतू बहुओं का और ही विचार निकला ।।3।।
प्रेम सजन्नो से काफी बनाया था, काम आएंगे दिल यूं जताया था, पर मौका आया तो उसमें भी खार निकला ।।4।।
धनमुनी ये कहता, धरम ही प्यारा है, झूठी दुनिया में सच्चा सहारा है, धारा जिसने भी उसका बेड़ा भव पार निकला

||5||

धरम से कल्याण है

माया नाश वान है, सच्चा आत्म ज्ञान है, धरम ध्यान में लग जाओ, धरम से कल्याण है ।।ध्रुव।।

माया के पीछे जो दौड़े, वे सारे दुःख पाए हैं, जन्म गया कुछ हाथ न आए, आखिर मन पछताए है ।।1।।

राजा हो चाहे रंक भिखारी, खाली हाथ आते हो, थैली भरकर कोई नहीं लाता, ना कोई ले जाते हो ।।2।।

खाना रोटी पहनना कपड़ा, चाहे करोड़ कमाते हो, हीरे पन्ने कोई नहीं खाता, फिर क्यू द्वंदव मचाते हो ।।3।।

धन धन करते धन नहीं आता, प्रत्युत दूर पलाता हो, धरम करो अविचल सुख पाओ, धन मुनि साथ दिलाता हो ।।4।।

दुनिया में तू आया है, कुछ करके जिए जा

दुनिया में तू आया है, कुछ करके जिए जा, जीवन मिला अनमोल तू जिनवाणी पिए जा ।।ध्रुव।।

घर तेरा कोई और तू आया कंहा से, भटका हुआ तू खो गया है सारे जन्हा से,

संयम से भरा शुद्ध जिवन पार किए जा ।।1।।

शिकवा न शिकायत ये तेरी कन्ही भी चलेगी, जिनवाणी तुम्हे बार बार कहा मिलेगी,

श्रद्धा से किसी संतों के चरण में चले जा ।।2।।

समझा के अपने मन को अरे प्यारे मुसाफिर, कुछ भी नहीं आता तो भज ले प्यार से महावीर,

करतूत बुरी छोड़ के सत्कर्म किए जा ।।3।।

डूबने ना पाए नाव तेरी बीच भंवर में, रमण तू बीता जिंदगी सत्य धर्म में,

लेके तू धरम की अपनी नाव लिए जा ।।4।।

मेरी जिंदगी बित जाएं, संतों की महफ़िल में

यहीं हसरतें तलब है, यहीं आरज़ू है दिलमे, मेरी जिंदगी बित जाएं, संतों की महफ़िल में ।।ध्रुव।।
फूलों की ताज़गी में, चंदा की चांदनी में, जो बात देखी तुझ में, वो देखी नही किसी में ।।1।।
मेरा दिल ये चाहता है, मैं यही सोचता हूं, कोई दूसरा न आए, अब मेरी जिंदगी में ।।2।।
तुम सामने खड़े हो, मैं शिजदा कर रहा हूं, बड़ा लुफ़्त आ रहा है, बंदे को बंदगी में ।।3।।
मेरी आख़री तमन्ना, तू काश कबूल करले, मिट जाऊं तेरी यादों में, या आ जाओ मेरे दिल में ।।4।।

ओ मोबाइल तेरा दास बनूं मैं

ओ मोबाइल तेरा दास बनूं मैं, हर पल तुझ में उलझा रहूं मैं ।।ध्रुव।।
WhatsApp का अप होगा, उसमें होंगे ग्रुप्स, मैसेज करू मैं, फॉरवर्ड करू मैं, स्टेटस अपलोड करू मैं ।।1।।
फेसबुक का अप होगा, उसमें होंगे फ्रेंड्स, लाईक करू मैं, कमेंट करू मैं, शेयर करू मैं ।।2।।
मुज़िक का अप होगा, उसमें होंगे गाने, गाने सुनू मैं, डांस करू मैं, गुनगुन करू मैं ।।3।।
टीवी का अप होगा, उसमें होंगे चैनल्स, मैच देखू मैं, सीरियल देखू मैं, मूवीज़ देखूं मैं ।।4।।
पेटीएम का अप होगा, उसमें होंगी शॉपिंग, कोड डालू मैं, कैश बैक लेलू मैं, शॉपिंग करू मैं ।।5।।

YouTube का अप होगा, उसमें होंगे विडियोज़, विडियोज़ देखूं मैं, टाइमपास करू मैं ।।6।।
हर दम तुझ में उलझा रहूं मैं .....

ओ भगवन तेरा दास बनूं मैं

ओ भगवन तेरा दास बनूं मैं, हर पल तेरे साथ रहू मैं ।।ध्रुव।।
सावन का महीना होगा, उसमें होंगे झुले, तू झुला तेरी डोर बनूं मैं ।।1।।
भादव का महिना होगा, उसमें होंगे बादल, तू बादल तेरी बूंद बनूं मैं ।।2।।
कार्तिक का महीना होगा, उसमें होंगी दीवाली, तू दीपक तेरी ज्योत बनूं मैं ।।3।।
फागण का महीना होगा, उसमें होंगी होली, तू पिचकारी तेरा रंग बनूं मैं ।।4।।

तेरे रहने को रहवान

तेरे रहने को रहवान, मिला तन बंगला आलीशान ।। टेर।।
हड्डी मांस, चर्म मय सारा, तन है कैसा सुन्दर प्यारा। है यह तिमंजला मकान, मिला तन बंगला आलीशान ।।1।।
पांव से लेकर कटि के तांई, पहिला मंजिल है सुन भाई। जिसमें है मल का स्थान, मिला तन बंगला आलीशान ।।2।।
कटी से ग्रीवा तक पहचानो, इसमें है मशीन एक मानो। पचता जिसमें भोजन पान, मिला तन बंगला आलीशान ।।3।।
ग्रीवा से तीजा मंजिल सर, जिसमें बाबूजी का दफ्तर। टेलीफोन लगे दो कान, मिला तन बंगला आलीशान ।।4।।

दुर्बिन है नैनों का प्यारा, वायु हित है नाक द्वारा। मुख से खाते हैं पकवान, मिला तन बंगला आलीशान ।।5।।
लेकिन तुमको मिला किराये, जिसको पाकर क्यों बौराऐ। बैठे इसको अपना मान, मिला तन बंगला आलीशान ।।6।।
जब हुक्म मौत का आवे, बंगला खाली तुरन्त करावे। 'चौथमल' कहे भजो भगवान, मिला तन बंगला आलीशान ।।7।

इंसान हम बनेंगे

संकल्प हो हमारा, इन्सान हम बनेंगे। इन्सान बन गये तो भगवान भी बनेंगे।।ध्रुव।।
हम जैन बौद्ध मुस्लिम, हिन्दु हों या ईसाई। आपस में भाई-भाई सब ही गले मिलेंगे।।1।।
एक हम एक ही गगन के, हंसते हुए सितारे। लगते हैं कितने प्यारे, हंसते रहे हैं ।।2।।
हम एक ही चमन के, हैं फूल न्यारे-न्यारे । लगते हैं कितने प्यारे, खिलते रहे खिलेंगे ।।3।।
मंदिर तो एक ही है, हम ही न्यारे-न्यारे। लगते हैं कितने प्यारे, जलते रहे जलेंगे ।।4।।
गीता, कुरान, आगम, गुरुग्रन्थ बाइबिल में। इंसानियत की गाथा, हम प्रेम से पढ़ेंगें ।।5।।

आगम वाणी पे श्रद्धा

अटूट श्रद्धा हुई है मेरी, आगम वाणी पे, मैने व्रतों को ले लिया, गुरुवर वाणी से | बताओ किसे व्रत लेना है,
बताओ किसे कर्म खपाना है, बताओ किसे मोक्ष में जाना है, बताओ किसे सिद्घ पद पाना है ||

ये जैन धर्म के लोगों, ये सुनलो अमर कहानी

ये जैन धर्म के लोगों, ये सुनलो अमर कहानी, हम भूल गए है जिनको, जरा याद करो कुर्बानी ।।ध्रुव।।

वो सेठ सुदर्शन जिनको, रानी ने कलंक लगाया, शुलीपर चढ़कर जिसने, नवकार का ध्यान लगाया

शुली का बना सिंहासन, सब लोग हुए सिरमानी ।।1।।

बारह वर्ष अंजनाकी, प्रितम से हुई जुदाई, एक पल प्रितम को पाया, तूफान की आंधी आयी

घर छोड़ हो जंगल में भटकी, है आज वो अमर कहानी ।।2।।

विजय सेठ विजया सेठानी, नई उमर ये नई जवानी, ब्रम्हाचर्य जीवन दोनों का, कैसी बिती है ये जिंदगानी

क्या प्रेम था पति - पत्नी का, दोनों ने महिमा बखानी ।।3।।

राजाने बलि चढ़ाने, ब्राम्हण का लाल ख़रीदा, वो अमर कुमार नन्हासा, जल्लाद ने खाल खिंचा

नवकार का ध्यान लगाते, वो धरती थर थर कांपी ।।4।।

एक राजा की दो बेटी, सुर सुंदरी मैना प्यारी, मैना पे क्रुद्ध हो राजा, कोड़ी संग कर दी शादी

पति संग तप किया उसने, हो गई काया सुहानी। ।।5।।

सत्य वादी हरीश चन्द्र राजा, एक पल में बने भिखारी, मरघट में बिक गया राजा, और बिक गई तारा रानी,

वो अटल रहे थे सत्य पर, फिर हो गई सब आसानी ।।6।।

बाहुबल थे भरत के भाई, आपस में लड़ी लड़ाई, बाहुबल ने जीत लिया था, पर लाज भाई की आई,

तज वैभव बन गए योगी, वो वीर थे स्वाभिमानी ।।7।।

भारत मां तेरी धरती, है आज यह कितनी प्यारी, महापुरूष हुए है जीतने, है वंदना सबको हमारी,
लक्ष्मी हर दम गुण गाए, युवक मंडल सिरनामी ।।8।।

मीठी बोली मन हारी

मीठी बोली मन हारी, मीठी बोली मन हारी, अरे बोलो खूब विचार मीठी बोली मन हारी ।।धृ।।

मिठो बोले जग सारो अपनो करे हर कोई आदर सत्कार मीठी बोली मन हारी ||1||

मीठी बोली फुल्डा बरसावे नही तो बरसे जलतो अंगार वारी जाऊ मीठी बोली मन हारी ||2||

घाव चाकू रो भर जावे कड़वी बोली रो घाव दु:खा मीठी बोली मन हारी ||3||

अमृत हलाहल दोनों बरसे सूख चाहोतो अमृत स्वीकार मीठी बोली मन हारी ||4||

पल में रिश्ता जोड़ तोड़ दे और भूले सारो उपकार मीठी बोली मन हारी ||5||

दो दिन रो तू पावनो तू तज दे कड़वो व्यवहार मीठी बोली मन हारी ||6||

सुन लो जैनों कान लगाकर

सुन लो जैनों कान लगाकर, वाणी तारणहार की।
छोड़ों क्रोध लोभ मद माया, गलियां नरक द्वार की। हित की बात है-2 ।।टेर।।

क्रोध-गुस्से से तन दुर्बल बनता, लोही विषमय बन जाता।
तेज चला जाता आंखों का, ज्ञान रहित मन बन जाता।
अकल न जाने कहां जाती है, ज्ञानी और गंवार की ।।1।।

मान-मानी के सब शत्रु बनते, कोई मित्र नहीं बनता है। कोई उसकी बात न माने, साथ न कोई देता है।
फिर भी कहता हम हैं चौड़े, सकड़ी राह बाजार की ।।2।।
माया-औरों के लिये जाल बिछाता,मरता वही उसमें फंसता। औरों के लिये गड्ढा खोदे, मगर वही उसमें गिरता।
सच कहता हूँ जग में माया, जननी दुःख अपार की ।।3।।
लोभ- पूज्य पिता से लड़ता लोभी, भाई की हत्या करता। केवल ईश्वर धन के खातिर, दुनिया से दंगा करता।
'लोभ' पाप का बाप न करता, परवाह अत्याचार की।।4।।
इनको त्यागेंगे वे भविजन, भव भव में सुख पायेंगे। जन्म जरा और मरण मिटा कर, शिवनगर में जायेंगे।
'पारस' कहता सुनलो जैनों, गुरु केवल अणगार की ।।5।।

मीठो-मीठो बोल थारो कांई बिगड़े

मीठो-मीठो बोल थारो कांई बिगड़े, कई बिगड़े थारो-2 ।।टेर।।
सोच समझ मन, स्वार्थ रो संसार, लाख जतन करूं छूटे ना घर-बार । तू जान ले, पहचान ले-2
संसार किसी का घर नहीं, संग जाए मेलो घर नहीं ।।1।।
युग-युग प्रभु कहते बारंबार, एक बार तु कर मन में विचार । संसार है नहीं सार है-2
जो काम ऐसे कर जरा, कि कर्मों की हो निर्जरा ।।2।।
नर तन मिलता नहीं बारम्बार, गुण गाले तू प्रभु के हो जा पार । जरा सोच ले कुछ समझ ले-2
संग कोई नहीं जायेगा, तू प्रभु का ध्यान लगाये जा ।।3।।

कितना बदल गया इंसान

देख तेरे संसार की हालत, क्या हो गई भगवान | कितना बदल गया इन्सान ।।
सूरज न बदला चांद न बदला, ना बदला ये आसमान ।
कितना बदल गया इन्सान ।।टेर ।।
आता समय बड़ा बेढंगा, आज आदमी बना लफंगा। कहीं पे झगड़ा कहीं पे दंगा, नाच रहा नर होकर नंगा।
छल और कपट के हाथों अपना, बेच रहा ईमान ।।1।।
राम के भक्त रहीम के बन्दे, रचते आज फरेब के फंदे।
कितने हैं मक्कार ये अन्धे, देख लिये इनके भी धन्धे ।
इन्हीं की काली करतूतों से, हुआ यह मुल्क मसान ।।2।।
जो हम आपस में न झगड़ते, क्यों बने ये खेल बिगड़ते ।
काहे लाखों घर ये उजड़ते, क्यों ये बच्चे मां से बिछुड़ते ।
फूट-फूट क्यों रोते प्यारे, बापू के ये प्राण ।।3।।

किसी के काम जो आये

किसी के काम जो आये, उसे इन्सान कहते हैं। पराया दर्द अपनाये, उसे इन्सान कहते हैं।। ध्रुव।।
कभी धनवान है कितना, कभी इंसान निर्धन है। कभी सुख है कभी दुःख है, इसी का नाम जीवन है।
जो मुश्किलों से न घबरायें, उसे इन्सान कहते हैं।।1।।
यह दुनिया एक उलझन है, कहीं धोखा कहीं ठोकर । कोई हंस हंस के जीता है, कोई जीता है रो रोकर ।
जो गिर कर भी संभल जाये, उसे इन्सान कहते हैं ।।2।।
अगर गलती रुलाती है तो, यह राह भी दिखाती है। बशर गलती का पुतला है, यह अक्सर हो ही जाती है।
जो गलती करके पछताएं, उसे इन्सान कहते हैं।।3।।

अकेले ही जो खा खा कर, सदा गुजारा करते हैं। यो भरने को तो दुनिया में, पशु भी पेट भरते हैं।
पथिक जो बांट कर खाये, उसे इन्सान कहते हैं।।4।।

श्रावणबाळ

ओ लाला म्हाने 2 बिलखता छोड़, गया रे किम तोड़, आफत कांई आ पड़ी, के जोऊ थारी बातडी।
बेटा सरवन आ पानी तो म्हाने पा, के जोऊ थारी बातडी।।ध्रुव।।
मात पिता जनम का अंधा, सेवा करता है सरवन बंदा, तन मन से सेवा किनी, घर नार प्यारी तज दिनी,
चारों धाम 2, तिरथ करवाया वनों में ले आया, कांदे पे रखी कावडी ।।1।। के जोऊ थारी बातडी.....
सरवन ने शीश झुकायो, ओ तो निर भरण ने धायो, पानी में घड़ो डुबायो, भड़ भड वो शब्द सुनायो,सरवन ने घड़ो उठायो, दशरथ ने बान चलायो, बान लाग्यो 2, कलेजा रे माही, सहयो नही जाई, मिच गई दोनों आंखडी ।।2।। के जोऊ
....
दशरथ सरवर तट आयो, सरवन ने देख घबरायो, बोले करमनरी गति न्यारी, म्हे पाप कियो है अती भारी,
म्हे जान्यो 2, म्हारो शिकारी बान दियो मारी, ज़ुल्म की या बात डी ।।3।।के जोऊ थारी बातडी.....
सरवन दशरथ सू बोले, मारो मात पिता में जीव डोले, मामाजी बन में जाज्यो, म्हारे मात पिता ने पानी पाज्यो,
म्हारो किज्यो 2, चरणामें प्रणाम, जावे ना निज धाम, लंबी तो खींची सास डी ।।4।।के जोऊ थारी बातडी......

जल बिन जीवडो घबरावे, म्हारे लाल हजू नही आवे, म्हारे प्राण कंठ बीच अटके, बेटा कोई मार्ग भुले भटके,
आ छाई 2, अंधारी रात, कोई न थारे साथ, कोई न किधी घात डी ।।5।।के जोऊ थारी बातडी......
जल लेकर दशरथ आयो, सरवन को हाल सुनायो, तू हट जा रे दुष्ट हत्यारा, कुण देखे थारा मुखड़ा,
म्हारो यौवन 2, धन लीयो लुट, करम गया फुट, आंधा की तोड़ी पाठ डी ।।6।।के जोऊ थारी बातडी......
राजा अंत समय थारो आसी, थारे एक पुत्र ना पासी, श्रीराम जायेंगे वन में, थारे मक्खियां भिनेगी सारे तन में,
आनधा आंधी 2, सराप सुनायो, जीव घबरा यो, सरवन की तोड़ी आस डी ।।7।।के जोऊ थारी बातडी......
राजा क्रिया तीनों की करवायो, ओ तो अवधपुरी में आयो, राजा मन ही मन घबरा यो, यह भेद न किसी को बता यो, यह भजन 2, मुला ने बना यो, भगत मन भायो, प्रभूसे जोड़ी प्रीत डी ।।8।।के जोऊ थारी बातडी....

माता- पिता

माझे माता आणि पिता कशी गाऊ गुण गाथा, शब्द अपुरे पड़तिल तरी गाईन मी गाथा ।।ध्रुव।।
जन्म दिला रे मजला कष्ट देवुनी स्वतला, स्वप्न तिने रांगविले, उज्वल भविष्याचे,
आनंदाश्रुनी तिज कालिज भरल भरल ।।1।।
चालने शिकविले, बोलने शिकविले, खांद्यावर बसविले प्रतेक हट्ट पुरविले
काय सांगू त्यांच्या बद्दल असे आहे माझे पिता ।।2।।

जे जे अपराध मी केले, त्यान्नी पोटात घातले, जर हाथ उठले, पश्च्यातापाने ते रडले,
पुन्हा जवल घेऊनी, मला लावले कालजाला ।।3।।
सुंदर आणि सुशील संस्कार दिले रे मजला, शिल्प कारा सारखे घड़विले जीवनाला,
त्यांच्या आशीर्वादाने, जीवन बहरल बहरल ।।4।।
जन्म भर खपले, माझ्यासाठी झटले, मला एक कर्तव्य करायचे त्यांचे पांग फेटायचे,
सुख देवूनी तयान्ना, दुःख सोसायच सोसायच ।।5।।

मात पिता

तू मंदिर मंदिर क्या भटके, तेरे मात पिता ही ईश्वर है, तू जो है इनके कारण है, वे ही सच्चे परमेश्वर है ।।ध्रुव।।
राहों में गीली चादर बन, वो तेरे संग में सोते थे, तू हसता था वो हसते थे, तू रोता था वे रोते थे,
जीवन ही उनका समर्पण है, तू छाया है वो दर्पण है, तू जिस मिट्टी का बना हुआ, वो उनके तन के ही कन है ।।1।।
जब तक है उनका हाथ तेरे सरपर, तू पूर्ण सुरक्षित है, जो माता पिता को ना माने, उस पुत्र का जीवन कलंकित है,
वो पशु है ना वो प्राणी है, वो सबसे बड़ा अज्ञानी है, वो मानव जन्म गमाता है, किस होश में वो अभिमानी है ।।2।।

माता- पिता

मात पिता के चरण कमल में करो रोज प्रणाम, नवकार का ध्यान धरके लो प्रभू का नाम,
ऐसा गुरुवर ने सिखलाया, जीने का राज़ बतलाया ।।ध्रुव।।

दयामय है धर्म मेरा, तप त्याग जंहा भरपूर है, तीन मनोरथ चिंतन हो, शुभ भावों का मनन हो,
बारह व्रत श्रावक के धारेंगे हम, भव भव ना भटकेगी अब तो ये आतम ।।1।।
माता पिता उपकारी है, उनके चरण मेरे धाम है, मात पिता की सेवा ही करना मेरा काम है,
हो मुझे जनम दिया है, मुझे जिवन दिया है, छोड़के ना जाऊंगा, मैं जीवन में एक भी पल,
माता पिता का आशीर्वाद ही है मेरा संभल ।।2।।
कुव्यसन सात है, जिवन का करे घात है, करलो इनका त्याग तो, प्रभू से होगी बात रे,
व्यसन फैशन को छोड़ो, अरे नींद से जागो हो, सिद्धांतो के महावीर के अब तो चलेंगे हम,
बन जायेंगे अच्छे श्रावक, प्यारा जैन धर्म ।।3।।

जिस भजन में वीर का नाम न हो, उस भजन को गाना ना चाहिए।

(तर्ज - यदी भला किसी का कर न सको)

जिस भजन में वीर का नाम न हो, उस भजन को गाना ना चाहिए।
जिस जगह अपना मान न हो, उस जगह पर जाना ना चाहिए।। ध्रुव ।।
चाहे बेटा कितना प्यारा हो, उसे सर पे चढाना ना चाहिये।।1।।
चाहे बेटी कितनी लाडली हो, उसे आझाद घुमाना ना चाहिये।।2।।

चाहे बीबी कितनी सुंदर हो , कोई भेद बताना ना चाहिये।।3।।
चाहे भाई कितना दुश्मन हो, कोई राज छुपाना ना चाहिये।।4।।
जिस माँने हमको जन्म दिया, उसे कभी भुलाना ना चाहिये ।।5।।
जिस पिता ने हमको पाला है, उसे कभी विसरना ना चाहिये।।6।।
चाहे कितनी अमिरी आजाए अभिमान जताना ना चाहिये ।।7।।
चाहे कितनी गरीबी आ जाये, स्वाभिमान घटाना ना चाहिये ।।8।।

तीन बार भोजन, भजन एक बार

तीन बार भोजन, भजन एक बार, उसमें भी आते है झंझट हजार ।।ध्रुव।।
मन कहता है स्थानक मैं जाऊं, स्थानक में जाऊं अन गुरुवाणी मैं पाऊं,
इतनें में आगया मुझको बुखार, उसमें भी आते है झंझट हजार ।।1।।
मन कहता है मारासा कने जाऊं, मारसा कने जाऊं अन प्रभु दर्शन मैं पाऊं,
इतने में आगए चार रिश्तेदार, उसमें भी आते है झंझट हजार ।।2।।
मन कहता है सामायिक मैं करू, सामायिक मैं करू अन जिनवाणी मैं पाऊं,

इतने में आगई मोबाइल ट्यूनकार, उसमें भी आते है झंझट हजार ।।3।।
मन कहता है दान मैं देऊं, दान मैं देउं अन पुणवानी मैं पाऊं,
इतने में आगया कम तनखा और बड़ा परिवार, उसमें भी आते है झंझट हजार ।।4।।

भारत बन गया ब्रिटेनिया

भारत बन गया ब्रिटेनिया कैसे सुधरे, मखमल खादी बन गई, विलायत कैसे सुधरे ।।ध्रुव।।
सूट पहन कर बाबु निकला, मेम्म बनी घरवाली, पहने पतला ब्लाउज़ साड़ियां कैसे सुधरे ।।1।।
मम्मी डैडी कहे शान से माता पिता कुछ बोले, शट आप थैंक यू, थैंक यू सोरी ऐसे शब्द रटोले,
दुल्हन बन गई रे डार्लिंग कैसे सुधरे ।।2।।
घरा घरामें केक चलाया रोटी डबल रोटी, लड़का राखे जेब में कंगवा, लड्क्या दो दो चोटी,
क्रीम मेक अप की चलनिया कैसे सुधरे ।।3।।
मार गया हाय ब्रम्हचर्य ऐसा गाना गावे, महापुरूष का भजन न आज किसी के मुख पर आवे,
देखे लव स्टोरी फिल्मी यां कैसे सुधरे ।।4।।
चाय बनावन नौकर राखे, प्रोफेसर घर जाड़े, बिबीजी तो चल पड़ी है, आधा अंग उघाड़े,
घर में मजनु भरे पतैया कैसे सुधरे ।।5।।
तीन बार तलाक़ दे दिया, दो बरस में सिता, रावण राज आया भारत में लूट गई है गीता,
होवे कोर्टा में लगनिया कैसे सुधरे ।।6।।

रावण राज आया भारत में, मर्या मर्या महात्मा गांधी, अब
तिलक आज़ाद चला गया, यहां पश्चिम की आंधी
दिल्ली बन गई रे राजधानियां कैसे सुधरे ।।7।।

जरा सोच

जरा सोच, जरा सोच समझ पग धरो जमीन पर, मिनख
जमानो आयो रे ।। ध्रुव।।
जिवता माही थने रोटी नहीं देवे, मर्यापचे मर्यापचे लड्डु
बटावे रे। ।। 1।।
जिवता माही थने कपड़ा नहीं देवे, मर्यापचे मर्यापचे शाला
ओडावे रे। ।। 2।।
जिवता माही थने पानी नहीं देवे, मर्यापचे मर्यापचे प्याऊ
बनावे रे। ।। 3।।
जिवता माही थासुं मुंडे नहीं बोले, मर्यापचे मर्यापचे रुदन
मचावे रे। ।। 4।।
जिवता माही थारो मुंडो नहीं देखे, मर्यापचे मर्यापचे फोटो
खींचावे रे। ।। 5।।
जिवता माही थने दूध नहीं देवे, मर्यापचे मर्यापचे घी उंडेले
रे। ।। 6।।
जिवता माही थने स्थानक नहीं ले जावे, मर्यापचे मर्यापचे
गंगाजी ले जावे रे। ।। 7।।
जिवता माही थने स्वाध्याय ना सुनावे, मर्यापचे मर्यापचे
राम नाम सूनावे रे। ।। 8।।
जिवता माही थारी साता नहीं पूछे, मर्यापचे मर्यापचे डॉक्टर
बुलावे रे। ।। 9।।

गुण सौरभ से रहे महकता

(तर्ज- उड़ते पंछी नील गगन में.....)

गुण सौरभ से रहे महकता, जहाँ जीवन सुखकर हो, ऐसा अपना घर हो...॥

कथनी करनी रहे एक सी, नहीं जिसमें अंतर हो, ऐसा अपना घर हो...।।टेर।।

विनय विवेक की नींव हो जिसमें, प्रेम प्यार की छत हो, रहे मधुर व्यवहार सभी से, वचनों में अमृत हो.

सहनशीलता का हो आंगन, कटुता का न जहर हो। ऐसा अपना घर हो...।।1।।

उस घर में मजबूत बने, विश्वास की सब दिवारें, कठिन घड़ी में बन जाए सब, एक दूजे के सहारे,

खिड़की हो अनुशासन की तो, विघटन का न असर हो। ऐसा अपना घर हो...।।2।।

मर्यादा की चार दिवारी, में सब मर्यादित हो, सादा जीवन उच्च विचारों, से सब ही प्रमुदित हो,

बड़े जनों का हो आदर और, छोटों पर भी महर हो। ऐसा अपना घर हो...।।3।।

सेवा और सहयोग का जिसमें, हो दरवाजा सुन्दर, चित्र नहीं चरित्र की पूजा, हो जिस घर के अन्दर,

धर्म के सन्मुख रहे सदा सब, पापों से जहाँ डर हो। ऐसा अपना घर हो...।।4।।

स्वच्छ आचरण की हो बहारें, ज्ञान प्रकाश हो पूरा, मोक्ष लक्ष्य की सीढ़ी हो तो. काम रहे न अधूरा,

गौतम से प्रभु फरमाते हैं, अब तो शाश्वत घर हो। ऐसा अपना घर हो...।।5।।

अपने जीवन के जौहरी

(तर्ज-एक दिन)

अपने जीवन के जौहरी स्वयं ही बने, क्या पता फिर ये मौका मिले ना मिले। 2

कितने नरकों में भटके फिरते थे हम, जब थे तिर्यंच में भटके फिरते थे हम। ...2

देव भी बन गये तो तरसते थे हम, एक बार तो मानव का मौका मिले। ....2 ||1|| अपने जीवन.......

आत्मज्ञाता बनें, धर्मध्याता बनें, खुद में आके खुदा और विधाता बनें। 2

जैन दर्शन का हमें खजाना मिला, संत-सतियों से मोक्ष निशाना मिला। 2

अब तो कल्याण आतम का पल-पल करें, क्या पता फिर ये मौका मिले ना मिले। ....2 ||2|| अपने जीवन.......

पर पदार्थों से परिचय बहुत हो गया, जाग जाओ रे अन्तिम समय हो गया।

मौका मिल ही गया है तो खोना नहीं, चार दिन का सफर है तो सोना नहीं। 2

मोक्ष पथ के राही हम सब ही बनें, क्या पता फिर ये मौका मिले ना मिले। .....2 ||3|| अपने जीवन.......

मुझे है तलाश तेरी

मुझे है तलाश तेरी, मुझे तेरी जुस्तजु है, मुझको तेरी तमन्ना, मुझको तेरी आरजू है ।।धृ।।

किस काम ये जीवन, तेरा प्यार कर न पाया, तुझसे ना दिल लगाया, तुझको ना गर दिल में बसाया,
तुम मेरी अंधेरी दुनिया सुनसान चारसुं है ।।1।।

विराग गीतमाला

आखों में होता संवर, दिलमें हो याद तेरी, तेरी याद की महक से महक गाये दुनिया मेरी
क्योंकि दौलत मेरी तू है, मेरी जिंदगी भी तू है ।। 2।।
जिय दिलमे हो ना पैदा, प्रभुवर लगन तुम्हारी, बरबाद जिंदगी है , बेचैन रूह बेचारा
उस दिल का क्या है करना , जिस दिलमें तू ही तू है ।।3।।
हो खुशनसीब मुझपर, नजरे का रंग है तेरा, हो क्यों ना नाज मुझपर प्रभूवर दास तेरा
मेरे दिल में तू ही तू है, मेरा एक तू ही तू है ।।4।।

रचयता - रमणिकमुनीजी म.सा.

एक बात केउ थाने , बुरो मानजो नो मनमे

एक बात केउ थाने , बुरो मानजो नो मनमे, ये 84 रा चकर फीरया तो भी जान्या ही कोनी,
अरे थाने याद आवे नानी थारो कोई भी कोनी, अपितू मोहमाया भाई थारी छूटे ही कोनी,
अरे थाने याद आवे नानी थारो कोई भी कोनी ।।धृ।।
7 मंज़िल रो तू तो है बंगलो, बंगला माहे सुंदर हैं फर्नीचर सजयो,
बंगलो बनावन रो थने कोड है घनों पन घररा लोगारा मन्मे थारी जागा ही कोनी ।।1।।
बंगला रा बारे उभी थारी मर्सिडीज गाड़ी, थारा बाप दादा री है 100 एकर की खेती बाड़ी - 2
पन में में थारी तृष्णा समावे ही कोनी,अरे दान देवन रा खातिर तू तो आगे आवे ही कोनी ।।2।।
बंगला माये रेवे थारी एक पटरानी, थारा छोरा छोरी करे व्यखिही मनमानी,

बाजार में घूमे तू तो शेर रा वानी पन घर में लुगाई रा सामने थारी चाले ही कोनी ||3||
बंगला गाड़ी धन दौलत सब पुदगल की है माया, तिर्थकर भी छोड़ गया है चक्रवर्ती भी छोड़ गया,
थनें कितो समझायो पन तू समझे ही कोनी अरे मन से प्रभुवर सु नातो जोडे ही कोनी ||4||

12 भावना

तू समज मना विचार करुनी पही तव जिवलग कोनी नाही |
तुज सोड़विना मात पिता धन दारा तू एक भावना बारा ||
अश्रव ---- इंद्रीय भोग क्षणभर है आयश पळे भरभर है जाशिल गड़या सोडूनी सर्व पसारा |
अशरन ---- परिवार देव देविना। मंत्रादी किती सेवी वा मृत्युसमयी कुणी न अडविनारा |
अन्यत्व ---- संसार पूरा नच होता जो तो यामध्य फसतो जळतो नेहमी। या मध्य फसनारा |
एकत्व --- तू आला होता एक तू जाषिल तेवहा एक जो मीळतो तो सर्व संग सुटनारा |
संसार ---- तू मंजे शरीर नाही तू मंजे परींजन। नाही जाशिल गड़या सोडूनी सर्व पसारा |
अशुची --- सर्वाधिक जपतो शरीरा हाड मासाचा पिंजरा जो सड़नार आनी गळुण जानार |
आश्रव ---- मोहाची मदिरा न्यारी विशयची फक्त चाकरी हा डाव तूज्हा घडोघडि फसनारा |
संवर ---- सत गुरुवर देती हाक मन संयमात तू राख तू राजा रे शत्रु पळवनारा |
निर्जरा --- हितहित आदी समजावे तप योग्य शुध्य बनावे ज्ञानी तोची जो बन्ध मुक्त होनारा |

लोक --- हा चतुर्गती संसार अन लोक विशिस्ट आकार किती अज्ञानी आहे यात फिरनारा |
बूधी दुर्लभ --- संसार मिलविने सोपे घर राज्य मिलविने सोपे अवघड गोष्टि त्यवीन मिळेना संथारा |
धर्म --- श्रध्दा आनी सम्यक ज्ञान आचार शुद्ध ठेविन ही धर्ममयी वाढ़ती विचारधारा |

जैन संत आचार

(तर्ज- आओ बच्चे तुम्हे...)

आओ भाई तुम्हें बतायें, जैन संत आचार को। जिनवाणी के अनुसार है, सूत्रों के फरमान को।
वंदे गुणीजनम, वंदे मुनिवरम् ॥टेर॥
मोह ममता को त्याग जिन्होंने, संयम का ये वेश लिया।
महाव्रतों को शुद्ध पालते, अनाचार का त्याग किया।
इर्या समिति शोधन करते, रात्रि चलना वर्ज दिया। सावध भाषा कभी न बोले, क्रोध आदि का त्याग किया।
दोष बयालीस टाल सदा ही, लेते शुद्ध आहार को ॥ वंदे गुणीजनम, वंदे मुनिवरम् ॥1॥
रसना इन्द्रिय वश में करते, सचित वस्तु नहीं लेते हैं। केला, किशमिश 'भगवती' में, बीज युक्त बतलाते हैं।
सेब, पपीता, चीकू आदि, जूस कभी नहीं लेते हैं। टिफिन लेकर कोई आ जावे, साधु कभी न लेते हैं।
जिनवाणी में हुए समर्पण, चाहे निकले प्राण हों ॥ वंदे गुणीजनम, वंदे मुनिवरम् ॥2॥
वस्त्र, पात्र, उपधि को रखते, मर्यादा के अंदर हैं। साबुन, सोडा कभी न लेते, विभूषा का वर्जन है।

धातु मात्र की वस्तु रखना, परिग्रह का सर्जन है। यतना से परठते वस्तु, खड़े-खड़े नहीं फेंकते हैं।
तीन गुप्ति की रक्षा करते, वंदन हो गुणवान को ॥ वंदे गुणीजनम, वंदे मुनिवरम् ॥3॥
आँधी, वर्षा, धुंध, माही, नहीं गोचरी करते हैं। दया, गोठ और जीमण मांही, साधु कभी न लेते हैं।
दर्शनार्थी के चोके माही, नहीं गोचरी करते हैं। मेहमानों को भोजन करना, साधु कभी न कहते है।
नित्य पिंड का वजन करते, आत्मार्थी गुणवान को ॥ वंदे गुणीजनम, वंदे मुनिवरम् ॥4॥
प्लास्टिक, बर्तन, पैन, ढीबरा, पोस्टकार्ड नहीं रखते हैं। भक्तजनों को दर्शन करने, कभी नहीं बुलवाते हैं।
डोरी पे नहीं वस्त्र सुखाते, मंजन भी नहीं करते हैं। बालों का तो लुंचन करते, रेजर नहीं चलाते हैं।
निंदा-विकथा दूर भगाते, करते हैं स्वाध्याय को ॥ वंदे गुणीजनम, वंदे मुनिवरम् ॥5॥
पृथ्वी, पानी, अग्नि, वायु, वनस्पति भी जीव हैं। दया धर्म का नांद गुंजाते, छह काया के पीर हैं।
मेला खेला नहीं मानते; नहीं लगाते भीड़ हैं। जंतर-मंतर नहीं बताते, सच्चे संत फकीर हैं।
वीर प्रभु सेनानी हैं, जिन शासन की शान को ॥ वंदे गुणीजनम, वंदे मुनिवरम् ॥6॥
स्थानक, मंदिर, पगला, छत्री, धाम नहीं बनवाते हैं। वाहन, पंखा, लाइट, कूलर, माइक नहीं चलवाते हैं।
फोटो, वीडियो, रिकार्ड, केसिट, कभी नहीं उतराते हैं। गृहस्थों से नहीं काम कराते, पावं नहीं दिखाते हैं।

फोकट-चिंता छोड़ जगत की, करते आत्म कल्याण करो। वंदे गुणीजनम, वंदे मुनिवरम् ॥7॥
आरम्भ और आडम्बर माही, नहीं धर्म की शान है। नहीं जयंति, यात्रा महोत्सव, नहीं प्रतिष्ठा मान है।
नेताओं को नहीं बुलवाते, सत्य धर्म का गाना है। हवा जमाने की लगने से, बचे सदा गुणवान हैं।
फ्लश लैट्रिन का वर्जन करते पाले शुद्धाचार वंदे गुणीजन, वंदे मुनिवरम् ॥ 8 ॥
गुरु धारणा नहीं देते हैं, समिति शुद्ध दिलाते हैं। देव वही जो अरहंत हो, गुरु ग्रंथ बताते हैं।
जिनवाणी ही सत्य धर्म है, निजाग्रह नहीं रखते हैं। खोटे माता ग्रहों को तजकर, शुद्ध परीक्षक बनते हैं।
प्रतिलेखन और प्रतिक्रमण भी, करते उभयकाल का वंदे गुणीजन, वंदे मुनिवरम् ॥ 9 ॥
बावीस परीषह सहन करे ये चलते खांडाधार है। परीषह से घबराकर, कभी न करते स्नान हैं।
मैल उष्ण परीषह धारण करते, संयम का श्रृंगार है। ब्रह्मचर्य रक्षा की खातिर, पाले नव ही वाड़ हैं।
सच्चे गुरू के चरण पकड़ लो, तिर जाओ संसार को ॥ वंदे गुणीजनम, वंदे मॉनिटर ॥10॥

संसार में रेनो हैं या तो संयम लेनो है

(तर्ज क्या खूब लगती हो)

संसार में रेनो हैं या तो संयम लेनो है, मिलियोडो मानव भव किनमे लगानों है|

दोनों तरफ देखनने सही निर्णय लेनो है, बचियोडो मानव भव किनमे लगानों है | ||धृ||

संसार में जो भी पडिया हा पडिया होय जावे उन्हाने 2/4 टाबरिया,

पेरनने मिलजावे कपड़ा हा कपड़ा, खावनने मीलजावे दाल चावल रोटीया,

पुणवानी होवे तो बंगलों बन जावे,

पचे धन्ने बेटा बाटे कर्म खुदने भोगना है ||1||

बेटा जद होय जावे मोटा हा मोटा पिताने कहे ज्यू लेवे दमकावे सोटा,

थे बिचबिच में क्यु बोलो हा बोलो थाने था नी पड़े थे पोता पोती संभाळो,

बहुआ केवे घर में नहीं दुकान जानो है,

दोकरडे ने सुनसुन मन - मन में रोनो है ||2||

दिक्षा जो भी हे लेवे हा लेवे वे सारा ही पापों सु बच जावे

रोटी कपड़ा वे भी पावे हा पावे, कर कर मनुहार श्रावकजी बहरावे,

फंद मिटे पाप सुटे संन्मान में जीनो है

प्रभु आग्या में रहिने सुगती ने पानो है - 2 ||3||

समकित मैं पाऊंगा

(तर्ज - मोहब्बत लूटाऊंगा)

समकित मैं पाऊंगा -2

मैं प्रमाद अवस्था को छोड़कर मोक्ष में जाऊंगा, केवालज्ञान केवलदर्शन पाकर मुक्ति मैं पाऊंगा,

जिनवाणी को मनुष्य भव को भूल ना पाऊंगा 2, मैं भूल इसे ना पाऊंगा || ध्रुव ||

मिथ्या धारणाओं का आवरण चढ़ा था, अनंत भवो से मैं भटक रहा था,
जीवन संस्कृत मानकर उलझा हूवा था, मौत से मैं पुरा अंजान था, इन मिथ्या धारणाओं छोड़ सत्य अपनाऊंगा ।।1।।

बुढ़ापे में धरम करना कठिन है, धन किसी का तारण बनाता नहीं है,
कर्म किए जिसने भोगना जरूर है, अपने कर्मो के बोज से हल्का हो जाऊंगा ।।2।।

चोरी मैंने पूरे परिवार के लिए की है, पाप कर्म मुजको अकेले भोगना है,
स्वच्छंदता छोड़कर मर्यादा में आना है, इन्द्रिय विषय भोग से खुद को बचाऊंगा ।।3।।

भारण्ड पक्षी जैसे जागृत होना है, शरीर विनाशी जानकर प्रमाद से बचना है,
राग द्वेष छोड़कर सम्यक ज्ञान पाना है, रत्नत्रय गुणों की आराधना मैं कर जाऊंगा ।।4।।

www.ingramcontent.com/pod-product-compliance
Lightning Source LLC
LaVergne TN
LVHW041549060526
838200LV00037B/1208
9781648991288